わたしたちと森林

4 保全と共生

あかつき

だい　しょう
第1章　人と森林とのかかわり

だい　しょう
第2章　森林をまもるとりくみ

第3章 森林と世界遺産

この本の使い方

シリーズ「わたしたちと森林」は、過去から未来へとつながる人間と森林とのかかわり合いについて、さまざまな角度から理解を深められるよう、テーマ別に1～5巻に分け、わかりやすく説明をしています。説明を読んだあとに、さらに気になるテーマを調べたり、自分のこととして考えたりするために「調べてみよう！」「考えてみよう！」などのコーナーがあります。本書を通じてみなさんのまわりの森林について考えるきっかけとしてください。

本文
そのページのテーマにそった内容を説明しています。

キーワード
重要なことばを解説しています。

> **キーワード**
> ### 世界農業遺産
> 世界的に重要な伝統的農林水産業をいとなむ地域を、国連食糧農業機関（FAO）が認定する制度。

人と森林とのかかわり

森林の生物多様性をたもつ
地球の生きものはたがいにささえ合い、バランスをたもっています。
人は、生きもののつながりが生むさまざまなめぐみを受けて生活しています。

地球環境にも影響している生物多様性

地球の生きものの種は、わかっているものだけで約175万種、未知のものをふくめると500万～3,000万種におよぶと考えられています。これらの生きもののゆたかな個性とつながりを「生物多様性」といいます。

生きものはそれぞれの生きる場所でささえ合い、酸素や炭素、窒素などの物質が安定してめぐる環境をつくっています。その環境を「生態系」といいます。生態系のバランスは、ある生きものが乱獲されたり、住む環境が破壊されたりすることなどが原因で数がへるとすぐにくずれ、その影響は環境全体におよび、人も無関係ではありません。

> **キーワード**
> **乱獲**
> 動植物などをむやみに大量に捕獲すること。

「森林は生物多様性の宝庫」といわれるって聞いたことがあるよ。

そうです。森林には陸上の動植物の8～9割が生息しているといわれていますよ。森林が生態系をまもっているのです。

もっと知りたい！

南方熊楠と環境保護活動
南方熊楠は1867年に和歌山県で生まれ、博物学、民俗学、植物学などの多彩な方面で活躍した学者です。アメリカ、イギリスでの研究活動をへて30代で帰国した熊楠は、和歌山県田辺市を拠点に新種の粘菌を発見するなど、個人で研究をつづけました。

生態系をまもることの大切さを理解していた熊楠は、地元の田辺市にある照葉樹林が残る無人島、神島の伐採計画を知ると、当時の村長や県知事にはたらきかけ、国の天然記念物に指定されるようにみちびきました。

熊楠の没後の1974年、熊楠が保護すべきだと考えていた田辺市の景勝地、天神崎に開発計画がもち上がった際は、熊楠の遺志を引きつぐように、地元住民からナショナル・トラスト活動が起こり、土地を買いとることができました。

天神崎は田辺湾の岬で、海岸の自然と岩礁、黒潮の暖流が一体となって1つの生態系をつくっている。

18

コラム「もっと知りたい！」
テーマに関連した知識などを紹介しています。

先生の解説
テーマへの理解を助けてくれる、カモシカ先生の解説です。

わたしたちと
いっしょに
学ぼう！

シン
山や川で遊ぶのが大好き。ふだんはまちに住んでいるけど、お休みになると家族とキャンプに行って、自然体験を楽しんでいる。

リン
森に遊びに行くのはもちろん、動物に関する本を読んだり、インターネットを使って調べたりするのも大好き。将来は動物の研究者になりたいと思っている。

生物多様性をはぐくむ、森の生きもののつながり

生物多様性のつながりの一つが「食物連鎖」です。自然界の生きものは、「食べる・食べられる」の関係でつながっています。ここでは、ブナの森を例に、森の食物連鎖について見ていきましょう。

ブナの森の食物連鎖

出典：愛知県豊田市『矢作川流域森林物語』をもとに作成

ブナの森の食物連鎖とは？

食物連鎖のもととなるのは植物で「生産者」とよばれます。ここではブナの木が生産者で、日光を利用して二酸化炭素と水から栄養分を生み出します。自分の体内で栄養分をつくれない動物は「消費者」といい、ほかの生きものを食べて栄養分にします。これらの生産者や消費者の死体や排泄物を分解して栄養分を得る生きものや菌類や細菌類などを「分解者」といいます。

食物連鎖のなかにいる生きものが一種類でもいなくなってしまったら、生態系のバランスはくずれてしまうんだね。

調べてみよう！

「レッドリスト」って何？

森林や里山に住む生きもののことを調べていると、「絶滅危惧種」とされている生きものがたくさんいるね。

よく気づきましたね。気候変動や自然環境の変化により、生息数や個体数が急激にへってしまい、たえてしまうものが身近な生きものにも多くいます。住んでいる都道府県の絶滅危惧種をインターネットで調べてみましょう。「絶滅危惧種 都道府県名」で検索すると、その都道府県の絶滅危惧種のリストである「レッドリスト」が出てきます。

日本全体では絶滅危惧種は何種類になるの？

「環境省レッドリスト2020」によると3,716種、「海洋生物レッドリスト」(2017年)では56種が絶滅危惧種として選定されています。

ポイント！
絶滅危惧種は、絶滅の危険性の高さでカテゴリー分けがされています。

Red Data Book 2014 1 前扉頁

考えてみよう！
もし近所にいないはずの絶滅危惧種を発見したら、どうしたらいいのかな？

環境省では、レッドリストに解説を加えた『レッドデータブック』という本を作成・公表している。

19

森林ボランティア団体の数のうつり変わり

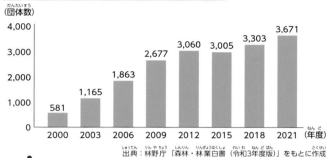

（団体数）

年度	団体数
2000	581
2003	1,165
2006	1,863
2009	2,677
2012	3,060
2015	3,005
2018	3,303
2021	3,671

出典：林野庁『森林・林業白書（令和3年度版）』をもとに作成

グラフや表

テーマを理解するうえで必要な情報やデータをグラフや表でしめしています。

※グラフや表は、表記のしかたを出典から一部改変しているものもあります。

ポイント！

テーマを理解するうえでポイントとなる部分です。

考えてみよう！

テーマに関連して、どうしてそうなったのかを考えるためのコーナーです。

調べてみよう！

テーマに関連した調べ学習をしたいときのヒントや、ページを読んだあとに、さらにくわしく調べたいときにどのような方法をとればいいかのヒントが書かれています。

さがしてみよう！

テーマに関連して自分でさがしたり調べたりするコーナーです。

さがしてみよう！

ここでとり上げている以外にもたくさんの団体があるよ。みんなの住む場所の近くにナショナル・トラスト活動を行っている団体はあるかな？

カモシカ先生

2人のところに現れた森林の博士。森林と人とのかかわりのことならなんでも知っている。

※この本の情報は、2023年1月現在のものです。

4 保全と共生

森林をまもる人びと

「保全」とは、保護をしてまもるという意味です。人は昔からたくさんの木を伐採してきました。いっぽうで、森林を保護し、まもり、あれた森林をよみがえらせてきたのも人でした。

日本には、2巻で紹介した林業にかかわる人びとのほかにも、国が管理する森林をまもる森林官や自然保護官、森林にかかわる研究者など、森を育ててまもる人びとがいます。また、地域の森林の保全はボランティア活動にもささえられています。

さらに、開発途上国を中心に世界で進む森林破壊や砂漠化*などの問題に対しても、日本の森林研究者は技術を提供し、支援を行っています。森林伐採によってあれた土地への植林には、日本の森林ボランティア団体もかかわっています。

こうしたさまざまな人びとによって、森林保全のとりくみが行われています。

日本で…

世界で…

国立公園の登山道をパトロールする自然保護官

国有林を調査する森林官

植林技術を提供する森林研究者

あれた土地への植林を行う森林ボランティア

*砂漠化：おもに乾燥地帯で、これまで人が住んだり植物が生えたりしていた地域が不毛の土地になること（➡3巻38ページ）。

森林と共生する人びと

「共生」とは、ことなるものがおたがいに影響をあたえ合う状態で、同じ場所で生活することです。人は森林から水、空気、木材、キノコ、山菜など、さまざまなめぐみを受けていますが、ただもらっているだけでは森林はあれてしまいます。たとえば、木は手入れされずに混み合うと、日光が当たらなくなり、やせ細ってしまいます。そこで、人がこまめに下草刈りをしたり、木を適度に間伐したりすることで、森林は健康な状態になります。こうして森林と人びとは助け合ってくらしてきました。

人が手入れすることで健康な森林がたもたれる

森林を保全し、共生するためのしくみ

現在では、森林をまもり、森林と共生するためのさまざまなしくみがあります。市民が豊かな森林にめぐまれた土地などを買ってまもるナショナル・トラスト活動、法律で自然をまもる保全地域、環境にやさしい商品であることをしめす環境ラベル、そして世界全体でまもり、未来に引きついでいくべき人類共通の財産である世界遺産などです。この巻でくわしく見ていきましょう。

さまざまな環境ラベル

グリーンマーク

エコレールマーク

日本の世界自然遺産の一つである奄美大島

第1章

人と森林とのかかわり

人は昔から森林のめぐみを受けながら、木を植え、森林を手入れしてくらし

てきました。里山にある雑木林は、自然の力でできたのち、人が育てる森林

です。里山にいる多種多様な生きものたちもこうした人と森林とのかかわり

によって生息してきました。また、木は山にだけ生えているのではありませ

ん、都市部にもさまざまな緑地があり、人びとの生活をまもっています。

さらに、人は森林を伐採する一方で、森林を再生し、よみがえらせ育ててき

ました。この章でくわしく見ていきましょう。

人と森林とのかかわり

里山のくらし

里山とは、昔から人が生活の場として利用してきた身近な自然環境をいいます。どのように利用してきたのかを見ていきましょう。

自然のめぐみを生かしてくらす里山の人びと

里山とは、古くからくらしに利用されてきた山と、その付近の集落や田んぼ、畑などをいい、人の手が入らない山と人が生活する都市部の中間に位置しています。

里山にくらす人びとは自然のめぐみを利用して、おもに農林業をいとなんでいます。山がはぐくむ山菜、キノコ類、川魚、動物などは食料になり、伐った木を利用した木工芸や炭焼きなどの産業が発展してきました。また、地域の言いつたえが昔ばなしになるなど、里山のくらしからさまざまな文化がはぐくまれました。

里山には多様な動植物も生息しています。たとえば、田んぼにいるメダカは里山特有の生きものといわれています。キキョウも、定期的な草刈りが必要な草地に生息するため、人の手が入っている里山特有の植物です。

ミナミメダカ

キキョウ

昔ばなしで出てくる「しばかり」というのは、芝生を刈るのではなく、雑木林に小枝（柴）をとりに行くことですよ。昔、里山では燃料として、山にある小枝を集めていました。

里山の危機

里山に住む人びとは昔から自然と共生してきましたが、近年ではその関係が危機をむかえています。農林業にたずさわる人の高齢化が進み、人の手が入らない里山がふえてきました。里山にある雑木林は人の手が入らないとたちまちあれ、そこに住む生きものたちの生態系のバランスもくずれてしまいます。里山でくらす人がへると、これまでつちかってきた里山のくふうにとんだ持続可能な共生の文化もとだえてしまいます。人の手で里山をまもりつづけるためにはどうすればいいか考えなければなりません。

もっと知りたい！

森と共生していた縄文人

縄文時代は、約1万3,000年前から約1万年にわたってつづいた時代のことをいいます。縄文時代は、「森の文化」ともいわれます。当時の人びとは森のめぐみを生かしてくらしていました。森でイノシシを狩り、クリやクルミ、シイの実などを集め、木で道具をつくり、畑ではマメやヒョウタンなどを栽培してくらしていました。遺跡からはウルシをぬった器や、植物のツルで編んだかごなども見つかっています。

東京都東村山市・下宅部遺跡で出土したウルシがぬってある飾り弓。
写真提供：東村山ふるさと歴史館

自然のめぐみを利用する里山のくらし

さがしてみよう！

みんなのまわりには里山で加工された食べものや、里山でつくられた日用品はあるかな？

キーワード
雑木林
複数の広葉樹が生えている森林のこと。

① 里山林

里山林とは、自然林*を人が伐採したり育てたりして手入れしている森林のこと。クヌギやコナラなどの落葉広葉樹や、カシなどの常緑広葉樹、竹などいろいろな木がある。雑木林も里山林の一種。伐った木を利用するだけでなく、キノコや木の実も食料となる。

② 畑・棚田

山の斜面を利用して、米やくだもの、野菜などを栽培する。落ち葉は発酵させて「腐葉土」にして畑の肥料に使われる。山の斜面に階段のようにつくられた田んぼのことを「棚田」という。

③ まき・炭

伐った木は、かつてはまきや炭としておもな燃料となった。カシやナラなどの木を窯で燃やしてつくる木炭は、けむりが少なく、現在では環境にやさしい燃料として見直されている。

④ 狩猟

シカ、イノシシなどの動物、水辺の鳥などをとらえる。近年はふえすぎたシカやイノシシをジビエ*として活用するとりくみも進められている。

⑤ 工芸・陶芸

器や家具をつくる木工、竹を加工したり竹ひごを編む竹工芸なども里山で発展してきた。また、陶芸の工房も陶器を焼く燃料にまきを使うため里山にあることが多い。

⑥ 製紙業

森林でたくわえられたきれいな水が流れる川で、里山では和紙をつくる「紙すき」が行われてきた。

⑦ 家畜の飼育

木材を加工する際にできるおがくずは、家畜を飼育する施設のゆかにしく敷料となる。

*自然林：人の手を借りず、自然の力でできた森林のこと。
*ジビエ：食材として捕獲された野生の生きもの（野鳥やシカ、イノシシなど）のこと。

まちのなかの緑

じつはまちのなかにもたくさんの木が見られる場所があります。昔から残る森や、環境保護のために育てられている木などをさがしてみましょう。

昔から、まちのなかには森や木がある

古くからある日本の都市の多くは城下町*や港町などから発展したものです。かつて大名が住んでいた屋敷の大きな庭にある森や、昔からあるお寺や神社のまわりにある森は、いまもまちのなかに多く残されています。

また、現代のまちづくりでは、環境対策として緑地を確保することがもとめられています。まちのなかに森や木があることは、人のくらしやすさにもつながることがわかっているため、さまざまなとりくみが行われています。

公園の緑地

江戸時代の古い大名屋敷のなかには大きな庭があり、いまも都会のなかの貴重な緑地として残されています。また、明治時代からは西洋の公園を参考に公共の庭園として「公園」がつくられるようになりました。現在、まちにある公園には、住む人のいこいの場としてだけでなく、災害の際の避難場所になるなどの防災機能や、動植物を保護するという重要な役割があります。

東京都文京区の六義園。江戸時代（1695年）に五代将軍・徳川綱吉の側用人、柳澤吉保によってつくられた。

> **調べてみよう！**
> 近くにある大きな公園、またはこれまでに行ったことのある大きな公園はいつごろできたのかな？

屋上緑化

特別な防水処理などを行ったビルの屋上に土を入れ、樹木を育てることを「屋上緑化」といいます。屋上緑化を行うと、夏の直射日光で建物が熱くなることをふせぎ、冬には保温効果を発揮し、省エネルギーにつながります。また、建物を保護しビルをおとずれる人がリラックスする場として役だてられています。

フランスの画家クロード・モネの大作「睡蓮」からひらめいてつくられた、東京都豊島区の西武池袋本店の屋上。
写真提供：西武池袋本店

> 屋上では水やりをするの？

> 水をまく場合もあるし、水をためておき、管に通して水を行きわたらせる設備を使う場合もあります。

*城下町：戦国時代や江戸時代に、大名などが住む城を中心として発展してきたまちのこと。

🌱 壁面緑化

「壁面緑化」とはビルのかべに木を植えることで、屋上緑化と同じように建物が日射で熱くなることをふせぐことから、ヒートアイランド現象への対策として活用されています。また、屋上の緑は下から見えませんが、壁面の緑は道を歩く人にも見え、まちの景観をつくります。

福岡県福岡市のアクロス福岡。壁面のほとんどが木でおおわれ、山のような見た目。

🌱 街路樹

世界各地で昔から道を通る人が休んだり、雨風をしのいだりできるように街路樹が植えられてきました。日本でも奈良時代から街路樹を植えていた記録があります。水分の多いイチョウの木は火事が広がるのをふせぐ役割も果たしています。

🌱 社寺林

「鎮守の森」とよばれる神社の森や、お寺の森を社寺林といいます。神聖な場所として地域の人びとに大切にまもられてきた社寺林は、地域の自然の古いすがたをとどめているうえ、火災や台風からその土地をまもる役割ももっています。

東京都目黒区にある目黒不動の社寺林。

北海道札幌市にある北海道大学のイチョウ並木。

🔍 調べてみよう！

わたしのまちの緑化制度

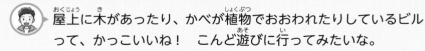
屋上に木があったり、かべが植物でおおわれたりしているビルって、かっこいいね！　こんど遊びに行ってみたいな。

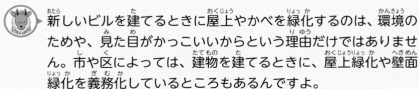
新しいビルを建てるときに屋上やかべを緑化するのは、環境のためや、見た目がかっこいいからという理由だけではありません。市や区によっては、建物を建てるときに、屋上緑化や壁面緑化を義務化しているところもあるんですよ。

わたしたちが住むまちにも緑に関する決まりがあるのかな？

インターネットで都道府県や市区町村の緑化についての「条例」を調べてみましょう。条例とは、都道府県や、市区町村などの議会で決められた決まりですよ。

建物だけでなくバス停を緑化している自治体もある。（東京都新宿区）

考えてみよう！
緑化の条例があるまちと、ないまちでは、まちの特徴にどんなちがいがあるかな？

森林をふやすための植林

「植林」とは、森林をつくることを目的に人が木を植えることです。
人の手で育てられた森が環境をまもる事例を見ていきましょう。

植林の2つの目的

「植林」とは、人が木を伐採したあとやあれ地だった場所に木を植え、森林を育てることです。植林には木材になる木を育てることを目的に行うものと、環境をまもるためのものがあります。

森林をふやすことは、砂漠化をふせいだり水源をたもったりすることにつながります。また、森林がふえれば二酸化炭素を吸収する量がふえ、地球温暖化の対策にもなります。近年では、環境保護の観点から一般の会社や自治体、ボランティア団体なども植林活動に参加しています。

「植樹」と「植林」はどうちがうの？

どちらも木を植えることですが、木を記念に1本植えることも「植樹」です。「植林」の場合は、一般的には目的をもって、森林を育てるために木を植えることをさしますよ。

ボランティアによる植林

ゆたかな森林を増やすため、多くのボランティアが国内や海外で植林を行っている。

中国・河北省でボランティアによって行われた植林。砂漠化の進行を抑え、黄砂*を防ぐ。

神奈川県湘南地区でボランティアによって行われた海岸林の植林。海岸林は飛砂*や塩害から地域のくらしを守っている。

写真提供：特定非営利活動法人 地球緑化センター

植林でつくられた明治神宮の森

東京の原宿にある明治神宮は、明治天皇と皇后の昭憲皇太后をまつるために1920年につくられました。その前は敷地のほとんどが畑でしたが、人びとがいのりをささげるための森がつくられることになり、学者たちが集められて植林計画が立てられました。「内苑」とよばれる70haの神域に、のべ11万人のボランティアによって、全国から奉納された約10万本の木が植えられました。約100年をへた現在では234種約3万6,000本の樹木が生いしげる森となり、都心の生物多様性をささえています。

考えてみよう！

どうして植えたときは約10万本だったのが約3万6,000本になったのかな？

明治神宮の広大な森。　写真提供：明治神宮

*黄砂：中国内陸部の砂漠地域の砂のこと。風により飛び散り、日本をはじめ各地にふり注ぐ。
*飛砂：海岸の砂浜の砂が風によって運ばれ移動すること。

植林が地球環境にあたえる影響

木は、成長するにつれて二酸化炭素を吸収し、二酸化炭素は炭素として木にたくわえられます。葉や枝が落ちたり、木がかれたりしても、木のなかの炭素はすぐに大気にもどるわけではなく、土のなかの有機物となり、少しずつ二酸化炭素として排出されます。

木がかれたり伐採されたりすると、いったんは木にたくわえられる炭素の量もへりますが、土のなかには炭素としてたくわえられているため、けっしてゼロになることはありません。さらに、ふたたび植林をすることで土のなかにたくわえられる炭素の量はふえつづけます。土のなかの炭素の量がふえるということは、それだけ地球温暖化の原因となる大気中の二酸化炭素の量をへらすことになるため、植林は、地球温暖化をふせいでいるといえます。

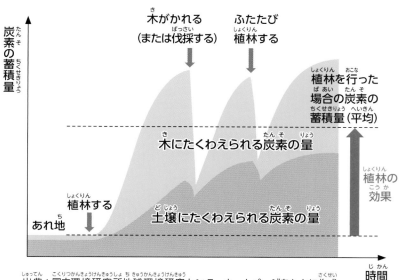

植林による炭素の蓄積量の変化

木がかれる（または伐採する）

ふたたび植林する

植林を行った場合の炭素の蓄積量（平均）

木にたくわえられる炭素の量

植林の効果

植林する

あれ地

土壌にたくわえられる炭素の量

炭素の蓄積量

時間

出典：国立環境研究所地球環境研究センターホームページをもとに作成

かれると、いったんはたくわえられる炭素の量がへるけど、ふたたび植林すればもどるんだね。

もっと知りたい！

砂漠化した浜を松林に 北海道えりも地区の植林

北海道のえりも岬に近い百人浜にはかつてシラカバ、ミズナラなどの広葉樹の原生林がありました。しかし、明治時代に開拓民が入り、燃料用に木を伐採し、牛馬の放牧のために森林を切り開いたところ、岬の強風が原因で、一帯が砂漠化してしまいました。

強風で海上へ飛んでいく赤土によって、コンブなどの海藻やサケ、カレイなどの魚がとれなくなるなど、漁業にも悪影響をおよぼしました。1953年、地元の漁師たちは緑化事業をはじめます。砂漠化した土地には、木を植えても根付かないので、はじめは草地化を行い、次はさまざまな樹木で植林をためしました。えりも地区は寒さと風の強さに加え、霧の発生も多いため植物が成長しづらく順調には進みませんでしたが、北海道には自生しないクロマツがもっともてきしていることがわかりました。

植林が進んでいくと魚ももどり、海藻類もとれるようになり、活動開始から約半世紀後の2007年、ついにクロマツの林が完成しました。さらに今後はもともとあった樹木を植えてゆたかな森林にもどしていく予定です。

えりも岬の強風にたえるために通常の約5倍の密度で植林を行ったのです。

植林前。砂漠化して赤土におおわれている。
写真提供：林野庁

現在のクロマツ林。

人と森林とのかかわり

森林と共生する農業

いまも世界では、人びとの生活のために行きすぎた森林伐採が行われています。
この問題を解決するため、森林をまもる農業が行われはじめています。

伝統的な焼畑農業とは

　森林を切り開いて農地にすると聞くと森林破壊を思いうかべる人が多いでしょう。しかし、東南アジアなど熱帯の地域で昔から行われてきた焼畑農業では、森林を焼いて農地にしたあと、一定の期間がすぎたらほかの場所にうつり、その土地を休ませることで森林を再生します。これをくりかえすことで、地域の人びとは森林を完全に失うこ

となく農業をつづけてきました。
　このように伝統的な焼畑農業は森林と共生するものでしたが、より多くの収穫を得ようと焼畑面積を広げたり、移動のサイクルを変えたりすると森林が再生できなくなります。そのため、焼畑農業は森林破壊の原因と誤解されがちです。

焼畑と休閑のサイクル
（5年周期の場合）

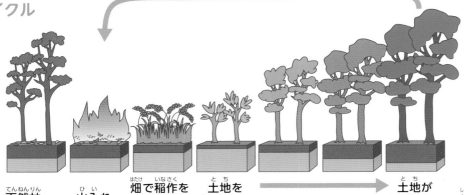

天然林 / 火入れ / 畑で稲作を行う / 土地を休ませる / 土地が回復する

1年目 / 2年目 / 3年目 / 4年目 / 5年目

出典：藤井一至『大地の五億年
—せめぎあう土と生き物たち』
ヤマケイ文庫をもとに作成

もっと知りたい！

日本でも行われていた焼畑

　山の多い日本でも、江戸時代までは各地で焼畑農業が行われていました。しかし、明治時代に法律で制限されて以降は行われなくなり、現在では宮崎県東臼杵郡椎葉村に残るのみとなっています。この地では夏に火入れした土地に1年めはソバ、2年めはヒエかアワ、3年めはアズキ、4年めはダイズと、土壌の状況に合わせた作物を4年育てたあと栽培をやめます（休閑期）。20〜25年で森林が再生するので、ふたたび焼畑を行います。現在この伝統農法をつづける農家は1軒のみですが、次の世代に継承するとりくみが行われており、2015年に世界農業遺産に認定されました。

椎葉村で行われている焼畑。
写真提供：椎葉村観光協会

キーワード

世界農業遺産
世界的に重要な伝統的農林水産業をいとなむ地域を、国連食糧農業機関（FAO）が認定する制度。

16

農業と林業を両立する アグロフォレストリー

アグロフォレストリーとは農業（アグリカルチャー）と林業（フォレストリー）を合わせたことばです。

一般的な田畑や果樹園では、1種類の品目を中心に栽培しますが、アグロフォレストリーでは森林を育てている場所に果樹や野菜も植えるなどして、林業と農業をいっしょに行います。この方法は持続可能な形で地域の経済を安定させるため、環境保護に熱心な欧米をはじめ、森林破壊が進んでいる南米やアフリカなどにも広がっています。

移動式アグロフォレストリー

世界各地で古くから行われてきた方法で、樹木が成長するまでの数年間、樹木といっしょに農作物を育てます。樹木が成長したら、ほかの場所に移動して同じように植林をしながら農作物を育てます。

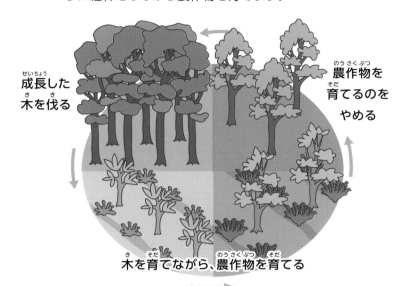

成長した木を伐る

農作物を育てるのをやめる

木を育てながら、農作物を育てる

同時式アグロフォレストリー

木が大きく成長してもその土地を移動しないタイプのアグロフォレストリーで、近年広まっています。

農業と林業

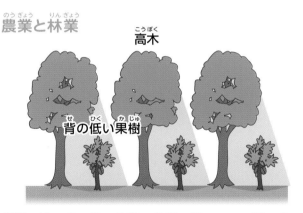

高木

背の低い果樹

高木の下で背の低い果樹や野菜を育てます。強い日ざしが当たらない場所でよく育つコーヒーやカカオなどの栽培にてきしています。

畜産業と林業

牧場のまわりに家畜の飼料になる木を植えたり、さくのかわりに果樹を植えたりします。森林で放牧する林間放牧は日本各地でも行われています。

水産業と林業

植林で魚などがすみやすい環境をつくります。マングローブを植林し、その周辺でエビや魚を飼うのが代表的な例です。水産業との組み合わせは、シルボフィッシャリーともいいます。

キーワード

シルボフィッシャリー

水産業と植林を同時に行うこと。造林（シルビカルチャー）と水産業（フィッシャリー）に由来。

キーワード

林間放牧

牛や馬を森林にはなち、下草を食べさせる飼育方法のこと。

17

森林の生物多様性をたもつ

地球の生きものはたがいにささえ合い、バランスをたもっています。
人は、生きもののつながりが生むさまざまなめぐみを受けて生活しています。

地球環境にも影響している生物多様性

地球の生きものの種は、わかっているものだけで約175万種、未知のものをふくめると500万～3,000万種におよぶと考えられています。これらの生きもののゆたかな個性とつながりを「生物多様性」といいます。

生きものはそれぞれの生きる場所でささえ合い、酸素や炭素、窒素などの物質が安定してめぐる環境をつくっています。その環境を「生態系」といいます。生態系のバランスは、ある生きものが乱獲されたり、住む環境が破壊されたりすることなどが原因で数がへるとすぐにくずれ、その影響は環境全体におよび、人も無関係ではありません。

キーワード

乱獲
動植物などをむやみに大量に捕獲すること。

「森林は生物多様性の宝庫」といわれるって聞いたことがあるよ。

そうです。森林には陸上の動植物の8～9割が生息しているといわれていますよ。森林が生態系をまもっているのです。

生物多様性がもたらす生態系サービス

わたしたちのくらしは、食料や水の供給、気候の安定など生物多様性がもととなった生態系から得られるめぐみによってささえられています。これを「生態系サービス」といいます。生態系サービスは大きく4種類に分けられます。

❶ 供給サービス

「供給」とは、あたえることです。食べものや紙、木材、燃料、薬など、わたしたちは衣食住に必要なあらゆるものを生物多様性のめぐみとしてあたえられています。

❷ 調整サービス

生物多様性によって、きれいな空気や水がたもたれています。また、生物多様性は自然災害をふせいだり、病害虫の異常発生をふせいだりしています。

❸ 文化的サービス

生物多様性のめぐみによって美しい自然がたもたれ、人びとの心をいやしてくれます。

❹ 基盤サービス

植物が二酸化炭素を吸収し酸素を出すことや、ゆたかな土が生み出されることは、❶～❸のサービスをささえています。

生物多様性をはぐくむ、森の生きもののつながり

生物多様性のつながりの一つが「食物連鎖」です。自然界の生きものは、「食べる・食べられる」の関係でつながっています。ここでは、ブナの森を例に、森の食物連鎖について見ていきましょう。

ブナの森の食物連鎖とは?

食物連鎖のもととなるのは植物で「生産者」とよばれます。ここではブナの木が生産者で、日光を利用して二酸化炭素と水から栄養分を生み出します。自分の体内で栄養分をつくれない動物は「消費者」といい、ほかの生きものを食べて栄養分にします。これらの生産者や消費者の死体や排泄物を分解して栄養分を得る生きものや菌類や細菌類などを「分解者」といいます。

ブナの森の食物連鎖

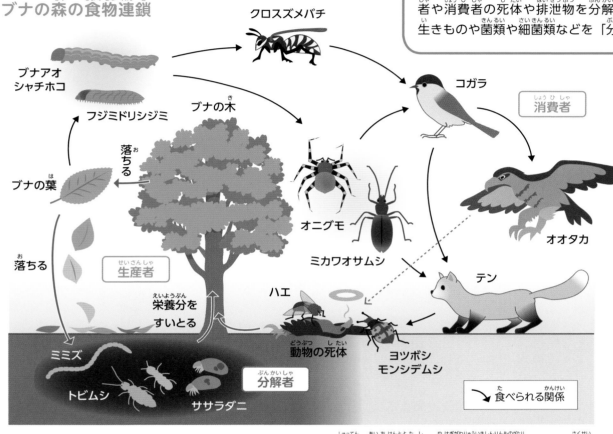

クロスズメバチ

ブナアオシャチホコ

フジミドリシジミ

ブナの木

落ちる

ブナの葉

コガラ

消費者

オニグモ

ミカワオサムシ

オオタカ

栄養分をすいとる

落ちる

生産者

ハエ

動物の死体

テン

ヨツボシモンシデムシ

ミミズ

トビムシ

ササラダニ

分解者

→ 食べられる関係

食物連鎖のなかにいる生きものが一種類でもいなくなってしまったら、生態系のバランスはくずれてしまうんだね。

出典：愛知県豊田市『矢作川流域森林物語』をもとに作成

🔍 調べてみよう!

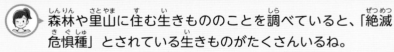

「レッドリスト」って何?

森林や里山に住む生きもののことを調べていると、「絶滅危惧種」とされている生きものがたくさんいるね。

よく気づきましたね。気候変動や自然環境の変化により、生息数や個体数が急激にへってしまい、たえてしまうものが身近な生きものにも多くいますよ。住んでいる都道府県の絶滅危惧種をインターネットで調べてみましょう。「絶滅危惧種　都道府県名」で検索すると、その都道府県の絶滅危惧種のリストである「レッドリスト」が出てきます。

日本全体では絶滅危惧種は何種類になるの?

「環境省レッドリスト2020」によると3,716種、「海洋生物レッドリスト」（2017年）では56種が絶滅危惧種として選定されています。

ポイント!
絶滅危惧種は、絶滅の危険性の高さでカテゴリー分けがされています。

考えてみよう!
もし近所にいないはずの絶滅危惧種を発見したら、どうしたらいいのかな?

Red Data Book
2014　1
哺乳類

日本の絶滅のおそれのある野生生物

環境省 編

ぎょうせい

環境省では、レッドリストに解説を加えた『レッドデータブック』という本を作成・公表している。

第2章

森林をまもるとりくみ

日本のゆたかな森林をまもるために、さまざまな人がかかわり、さまざまなとりくみが行われています。まず、国有林や国立公園を管理する国家公務員、森林の研究者など、森林をまもる仕事にたずさわる人たちがいます。それから、里山をまもったり、森林の魅力を子どもたちに伝えたりする森林ボランティアがいます。ナショナル・トラストをはじめとする環境保全運動も森林をまもるとりくみの一つです。森林をまもるのはこうした人たちだけではありません。森林にやさしい商品を表す環境ラベルのついた商品を購入することで、わたしたち自身も森林をまもるとりくみに参加できます。

森林をまもる仕事

森林と人が共生していくために、ゆたかな森林環境をまもる仕事をしている人びとがいます。森林を管理する国家公務員や、森林の研究者などです。

森林をまもる仕事とは？

森林には、林業者が管理している森林のほかに、国や都道府県が管理している森があります。国有林を管理する「森林官」、国立公園などではたらく「自然保護官（レンジャー）」のように、国家公務員として、これらの森林を管理する仕事があります。また、

国立研究開発法人森林研究・整備機構森林総合研究所や大学などの研究機関に所属し、森林に生息する動植物の生態、菌類のはたらき、地層などを研究している人たちもいます。これらもいずれも森林にかかわり、森林をまもる大切な仕事です。

キーワード

国有林と国立公園

国有林は林野庁が、国立公園は環境省が管理している。国立公園は土地の所有にかかわらず指定できるため、両者は重なっている地域も多く、国立公園の約6割が国有林である。

将来は動物の研究者になりたいと思っていたけど、森林に関する仕事もいいかもなあ。

林業者をめざすの？

森林に関する仕事は林業者だけではありませんよ。さまざまな人たちが仕事として森林にかかわっています。

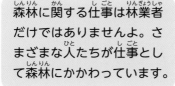

国有林を管理する森林官

森林官は、林野庁の職員として日本の森林の約3割をしめる国有林を管理する国家公務員です。林野庁の機関である全国各地の森林事務所に勤務します。仕事の内容は、担当するエリアの調査やパトロール、山くずれ対策などの治山事業、国有林の魅力を伝える仕事など、多方面にわたります。

2023年現在、全国で約850の森林事務所に森林官がいます。大学などで林学や植物学などを学んだ人が多く、仕事の方法はじっさいに仕事についてから研修のかたちで学びます。

キーワード

パトロール

違法な伐採や放火、植物をぬすむなど、森林への危害をとりのぞく活動を行う。

森林官になるには……

国家公務員試験に合格し、林野庁に採用されることが必要です。

❶ 担当するエリアの調査や管理

担当する国有林を見回り、林道の管理、植林や、間伐作業の監督なども行います。見回りの手段はほぼ徒歩なので、1日のほとんどを山のなかを歩き回ってすごすこともあります。

❷ 野生生物の保護・管理

担当区域に貴重な野生生物がいる場合には、それを保護するのも森林官の仕事です。また、国有林がシカなどの食害にあわないよう対策をします。

❸ 国有林を利用した活動

森林のすばらしさを広めることも、森林官の仕事です。森林教室などのイベントを開いたり、民間の団体と協力して、自然体験などのイベントの場所を提供したりします。

写真提供：林野庁

自然環境をまもり、自然とふれあう場をつくる自然保護官

自然保護官（レンジャー）は、環境省の職員として、自然環境保全を行う国家公務員です。国立公園の管理、野生動植物の保護、自然再生などのほか、人と自然のふれあいの場をつくることも大切な仕事です。国立公園では、自然保護官を補佐する「アクティブ・レンジャー」や地域の人たちといっしょに、国立公園内の歩道や看板の整備、ビジターセンターの運営、自然観察会の開催など、おとずれた人がその地域の自然を安全に楽しみ、知識を深めることができるようにつとめています。

担当エリアの野生動物（トキ）を観察する自然保護官。

キーワード

アクティブ・レンジャー
自然保護官を補佐する環境省の職員。任期は1〜数年程度で、国家公務員資格は必要ない。

自然保護官になるには……
国家公務員試験に合格し、環境省の自然系職員として採用されることが必要です。

自然観察イベントの開催。
写真提供：環境省

登山道のパトロール。

専門知識を社会に生かす大学の森林研究

森林の研究者は、どのようなことを研究しているのでしょうか。まずは大学など学校における森林研究の内容について見ていきましょう。

日本の大学では、おもに農学部、地域環境科学部、生命環境学部などで森林研究が行われています。森林研究のことを「林学」、「森林学」などとよびます。

研究内容は、とてもはばが広いものです。森林にはさまざまな生きものが住んでいますし、樹木だけではなく土や水も森林環境の大切な一部です。また、気象や地形がそこに生えている木に大きな影響をあたえます。これらはすべて森林研究の対象です。さらに、森林やそのまわりで生活する人びとや、その地域に伝わる昔ばなしや伝説、さらにこれから森林をどのように運営していくかなども森林研究にふくまれます。

大学で教えている教授、准教授などの森林研究者は、学生に森林調査や管理の方法などを指導しながら、自分の研究内容を論文などで発表しています。さらに、国や地方公共団体と協力して森林を調査したり、民間企業の技術開発に協力したりするなどして、森林に関する専門知識を社会に役だてています。

こんなにはば広い、森林研究の分野 （東京農業大学地域環境科学部 森林総合科学科の例）

森林総合科学科

森林資源保全学分野
➡森林保護や植林の方法について研究する。

- 森林生態学研究室
- 造林学研究室

森林環境工学分野
➡森林管理や林業の技術を研究する。

- 治山緑化工学研究室
- 林業工学研究室

森林資源利用学分野
➡木材や木の成分の活用法を研究する。

- 木材工学研究室
- 林産化学研究室

森林社会科学分野
➡人と森林とのかかわりを研究する。

- 森林経営学研究室
- 森林政策学研究室

伐採した木を小型車両を使って運ぶ実習

取材協力・写真提供：東京農業大学 地域環境科学部 森林総合科学科

東京農業大学では奥多摩に演習林をもっており、じっさいに樹木の標本をつくったり、森林調査を行ったり、林業の実習を体験できる。

大学で森林研究をした人はみんな研究者になるの?

そんなことはありません。学んだ知識や技術を生かして一般の会社に就職する人や、森林管理の知識を生かして公務員になる人もいます。森林に関する専門知識は、さまざまな分野で社会に生かすことができるのです。

森林の専門家が集まる機関、森林総合研究所

国立研究開発法人森林研究・整備機構 森林総合研究所は、森林の研究を専門とする国の機関です。そのなかで、森林や木などを研究している「森林総合研究所」、苗の品種改良などを行う「森林総合研究所 林木育種センター」、生物学的先端技術を使った研究を専門とする「森林総合研究所 森林バイオ研究センター」と、研究分野によって組織が分かれています。

研究は、地域や企業、あるいは国外の機関とも協力して行われています。研究成果は学術論文として公表されるだけでなく、林業者へ最新技術として提供されたり、企業と協力して商品化されたり、国際的な課題を解決したりと社会にはば広く役だてられています。

森林総合研究所で行われているおもな研究内容

- 気候変動などによって森林環境が変化するなか、森林のもつ働きをたもつための研究
- ゆたかな森林資源を持続的に活用し、山村でくらす人びとの生活をささえるための研究
- 多様な森林をまもり、持続的に活用するための木の品種改良

こんな研究が行われているよ！

シカが多い山のほうが、マダニの数が多い

近年、レクリエーションなどで山をおとずれる人がマダニにさされて重い感染症にかかる事例がたくさん報告されています。もし山のなかで、マダニが多い地域がわかれば、マダニ被害をふせぐ対策に役だてることができます。

マダニは人や動物の血をすうため、山にいる動物が多ければ多いほどマダニが多いことは予測されますが、どの動物がもっともマダニの数と関係があるのかはこれまでわかっていませんでした。そこで、複数の森林、複数の場所で半年間にわたりマダニを採取し、その関係性を調べたところ、マダニの何種類かは、シカが多い地域ほど多いことがわかりました。

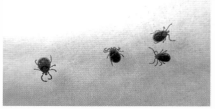

採取された
マダニ

取材協力・写真提供：森林総合研究所

放置されていた枝葉から樹木の香り成分をつくる装置の開発

林業では、木を伐るときに枝葉を切り落として丸太の形にします。その際に切り落とした枝葉は、通常、山に放置されています。森林総合研究所では、企業と協力してこの枝葉を活用し、樹木の香り成分（精油）をつくる装置を開発しました。樹木の香り成分には、人びとをリラックスさせる効果や消臭効果など、さまざまな効果があります。

開発した装置を使用すると、これまでよりも大はばに省エネルギーで品質のよい精油をつくることができ、いままで使われていなかった材料を用いた、林業にたずさわる人たちの新しい仕事として期待されます。

樹木の香り成分をつくる装置

森林の専門家による研究成果が、さまざまな分野に役だてられています。

国立研究開発法人森林研究・整備機構 森林総合研究所 主任研究員 藤井一至さんに 森林にかかわる研究について話を聞こう

藤井一至
富山県立山町出身。京都大学大学院農学研究科博士課程修了。土を通して、農業や生態系のしくみを研究している。

藤井さんは、どんな研究をされているのですか?

わたしは土の研究者として、森林と土とのかかわりについて調べています。木は、土から窒素やリンなどの栄養分を吸収して大きくなります。だから、「森は土の力で育つ」ともいえますが、その関係は一方的なものではありません。土は、落ち葉や、落ち葉を食べる微生物の死がいがくさったものと、岩がけずられてできた砂や粘土がまざり合ってできています。ですから、土にとっても森林が必要であり、「土は森林によって育つ」ともいえるのです。

火山の噴火が起きて灰と石だけになった場所を調べると、最初はコケなどが生え、やがてススキやチガヤ、ヤシャブシのような栄養分の少ないあれ地でも生息できる植物が生えます。それらのかれ葉や落ち葉を虫や微生物が分解して土の栄養分がふえると、次はその土で育ちやすい、別の植物に入れ替わっていきます。こんなふうに、森林と土はおたがいにはたらき合いながら、どんどん変化しています。このような関係性を「相互作用」とよびます。

土の研究者であるわたしが、森林の研究にも深くかかわっているのは、土と森林が切りはなせない関係だからなのです。

研究でおとずれたカリマンタン島で。

森林をまもるためにはどんなことが必要なのでしょうか?

森林をまもるために「木を伐ってはいけない」ということがよくいわれますが、日本ではそうともいいきれません。たとえ木を伐っても、その量が、森林が新たにできる量と同じか、少なければ問題ありません。むしろ日本に多くある人工林は、ほうって

おくと木が混みすぎて林のなかが暗くなって生育が悪くなり、木からの栄養分がへることで土がつくられる速度も落ちてしまいます。だから、木を計画的に伐採し、新しい苗を植えて森林が新しい樹木に入れ替わることが必要なのです。

しかし、わたしが研究のためにおとずれたインドネシアのカリマンタン島では、行きすぎた森林伐採が行われていました。美しい熱帯雨林があると期待して行ったのですが、じっさいはほとんどがあれ地となっていて、ショックを受けました。なぜそうなったかというと、インドネシアでは人口がふえすぎて食料が足りなくなり、こまった人たちが次つぎと森林を焼き、畑にしていたからです。そうして3年たち、土の栄養分がすっかりなくなってしまうと、今度は別の森林を伐採します。このようなペースで木を伐ると土の生産性は回復できず、森林ももとにもどりません。

ここで大切なのは、現地の人たちに「熱帯雨林をまもろう」とよびかけることではなく、こまっている人たちが持続的に食べていける方法を考えることです。そこでわたしは、現地にたくさんあって、あれ地でも育ちやすいマカランガ、チガヤなどの植物を使って土の栄養分をふやし、ふたたび農地にする方法を提案しました。すてられた土地をよみがえらせることで、熱帯雨林のさらなる伐採を止めるこころみが行われています。

これからどんなふうに研究をつづけていきたいと思っていますか？

「研究者」というと、白衣を着て実験室にいるイメージかもしれませんが、わたしは作業着で外にいることがほとんどです。自然のなかを歩き回って観察

大切な仕事道具

スコップ（シャベル）

世界中の土をほってきたスコップです。かたい土にも歯が立つように先がとがっています。落としてもわかるように、スコップには蛍光色のテープをまいています。ちなみに、スコップはオランダ語で、英語ではシャベルです（日本では地域によって大きい方をスコップとよんだり、小さいほうをスコップとよんだりするので、誤解のないように、みなさんもよく確認しましょう）。

土の研究者は作業着で外にいることのほうが多い。

し、「不思議だな」と思うことがあれば、木にあなをあけてそのなかを見たり、土をほって根がどうなっているか、どこにどんな微生物がいるかを調べたりしています。そうやって少しずつ、森林と土との関係性について知っていきました。

自分の研究が環境保護など、世の中に直接役だつことにつながることもありますが、そうではないこともたくさんあります。わたしの場合は、「役にたつかどうか」だけで研究しているわけではありません。美しい自然に身を置いて観察するなかで、これまで知らなかったことを知ることができるのが楽しいから、研究をつづけています。

土についてはわかっていないことが多いので、これからまだまだおもしろいことに出会えそうだなと思ってワクワクしています。

森林をまもるボランティア

森林ボランティア活動を行う団体の数は、全国で3,000以上もあります。
子どもが参加できる活動も少なくありません。

森林づくりや森林に親しむ活動を行うボランティア

森林ボランティアは、1995年に「緑の募金法」が制定されてから全国に広がり、現在では全国で約3,000以上の団体が「緑の募金」を使って活動しています。代表的な活動は、里山や身近な森林の整備・保全です。植樹や下草刈りなど、一般市民ができることを行います。

森林での活動のほかに、林業のさかんな地域の人と都市部の人の交流イベントを開くことや、子どもに森林に親しんでもらう活動などでもボランティアが活躍しています。

森林ボランティア団体の数のうつり変わり

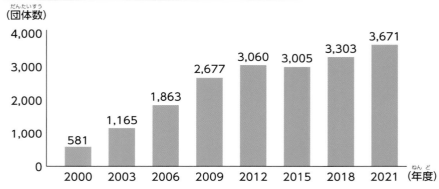

(団体数)

- 2000: 581
- 2003: 1,165
- 2006: 1,863
- 2009: 2,677
- 2012: 3,060
- 2015: 3,005
- 2018: 3,303
- 2021: 3,671

(年度)

出典：林野庁「森林・林業白書（令和3年度版）」をもとに作成

森林ボランティア団体の数はここ20年間で6倍以上にふえています。

注：じっさいに植え付けや下草刈りなどを行っている団体数を集計している。

 調べてみよう！

森林ボランティアに参加するには？

わたしも森林ボランティア活動に参加してみたいけど、どうやってさがせばいいのかな？

まずはインターネットで自分が住んでいる市区町村の名前と「森林ボランティア」を入力して検索してみましょう。市区町村の開催している森林ボランティア体験会などが見つかります。

ほかにはどんな方法があるの？

森林のための「緑の募金」をとりまとめている「公益社団法人 国土緑化推進機構」のホームページを見てみましょう。「一般の方へ」をクリックすると、「活動する」というページで、森林ボランティア団体を都道府県名で検索できるようになっています。このホームページではおもに小・中学生が活動する「緑の少年団」の紹介もしています。

緑の少年団による植樹活動（三郷みどりの少年団）
写真提供：大分県森との共生推進室

キーワード

緑の少年団

子どもたちが緑に親しみ、緑をまもり育てる活動をする国土緑化推進機構の事業の一つ。1960年に「グリーン・スカウト」としてはじまり、現在は全国で3,000以上の少年団が活動中。

森林ボランティアの活動内容

森林ボランティアがじっさいにどんな活動をしているのか、長野県で活動している「NPO法人信州フォレストワーク」の活動を例に見てみましょう。この団体では、森林ボランティアによる里山の再生や森づくり、森林を通した子どもたちへの環境教育を行っています。

学校林*での活動を指導する「ぼくらの裏山プロジェクト」

長野市の郊外にある松ヶ丘小学校では、2000年に山火事が起き、学校名にも使われたマツの木が焼けてしまいました。焼けてしまった山をよみがえらせたいと子どもたちから声が上がり、信州フォレストワークが山の手入れの指導を行うことになりました。子どもたち自身が「ぼくらの裏山プロジェクト」と名付け、子どもだけでなく先生や家族、地域の人びともまきこんで下草刈りや間伐などの山の手入れを行ったところ、裏山はみちがえるように明るくなり、いまでは休日にも遊びの場として、さまざまな活動が行われるようになりました。

子どもたちへ山の整備のしかたや、道具の安全な使い方を指導。

よみがえった裏山で行われた「枝パンづくり」。裏山から燃えやすい木を集めて燃料にし、枝にパン生地をまきつけて焼く。

山道の階段づくりも子どもたち自身で行っている。

高原学校の森林教室

長野市立の小学校では、5月から夏休み明けの9月まで、子どもたちが森林に親しむ高原学校とよばれる校外学習を行っています。信州フォレストワークはそこで、森林教室を開いており、木工クラフトや自然観察など、子どもたちが木や森にふれ合う体験を支援しています。

カラマツ林で木工クラフトを行う子どもたち。

親子森林体験教室

親子で森林体験ができる教室も開催しています。2021年8月に行われた体験教室は、長野市内にある「体験の森」で森林学習や、自然観察を行ったあと、じっさいに木を伐り、伐った木で木工クラフトの作品をつくるというもので、市内在住の親子が参加しました。

自然観察のポイントを説明する。

そのほかにも、まき割りや枝打ちなどの山仕事を体験できる講座や、間伐材でベンチをつくる活動、棚田で米づくりをする活動なども行っているんだって!

写真提供：信州フォレストワーク

*学校林：学校が保有する森林のこと（➡5巻41ページ）。

ナショナル・トラストによる環境保全

自然環境や貴重な建物などをまもる活動が「ナショナル・トラスト」です。
ナショナル・トラスト発祥の地、イギリスの活動について見ていきましょう。

市民が協力して環境をまもるナショナル・トラスト

ナショナル・トラスト（国民環境基金）活動とは、その土地の特徴的な生きものなどを有する森林や里山、独特な景観をもつ建物などをまもる活動です。

その地域の住民をはじめとした一般市民から集めたお金で、保存したい土地や建物を買いとったり、所有者から寄贈を受けたりすることで、土地や建物を開発などからまもります。

国有林や国立公園が国によってまもられているのに対し、ナショナル・トラストの場合には市民による保護活動であることがちがいです。

自分たちの手で住んでいる土地の風景を次の世代に残すのが、ナショナル・トラスト活動ですよ。

ナショナル・トラストのはじまり

ナショナル・トラストがはじまったのは19世紀末のイギリスでした。イギリスは世界でもっとも早く工業化が進み、工場の建設や燃料にするために多くの木が伐られ、森林が急速に失われていました。

そのようななか、弁護士のロバート・ハンター、社会事業家のオクタヴィア・ヒル、牧師で文学者のキャノン・ローンズリーが、1895年、保存したい場所を買いとる団体「史蹟名勝、自然的景勝地のためのナショナル・トラスト」を立ち上げます。この団体がナショナル・トラストのはじまりです。

イギリスでは長年多くの市民がナショナル・トラスト活動に協力した結果、現在では東京都や大阪府の面積よりも広い約25万haの土地を所有しています。また、保存している200軒以上の歴史的な建物には、かつての持ち主が愛用していた工芸品や美術品が残されています。その数は合計100万点以上になり、その保存や修復も手がけています。

イギリスのナショナル・トラストの成功に影響を受け、世界各地で同じような活動が展開されています。

イギリスの鉄工所。燃料にするためのまきが大量に集められ森林破壊が広がった。

日本人観光客にも人気のイングランド北部のコッツウォルズ地方もナショナル・トラストによって保護されている。

世界に広がるナショナル・トラスト

イギリスではじまったナショナル・トラストは、その後、イギリスと関係の深い国に広がっていきました。イギリスの植民地*だった歴史をもつオーストラリアでは、1945年に環境活動家のアニー・ワイアットがシドニーにある原生林や、歴史的建造物を開発計画からまもるために、イギリスの運動を手本に、ナショナル・トラスト団体を設立しました。そのほかにも、アメリカ、ニュージーランド、カナダ、日本、韓国、台湾、イタリアなど世界各国にナショナル・トラスト活動は広がっています。また、各国のナショナル・トラスト団体どうしは交流があり、情報交換なども行っています。

アニー・ワイアットが生涯のほとんどをすごしたシドニーの家はいまも残されている。

> もっと知りたい！

「ピーターラビット」の生みの親がまもった湖水地方

湖水地方はイングランドの北西部に位置し、イギリス最大の湖であるウィンダミア湖をはじめとする大小の湖が点在する、美しい景色が多く残されている地域です。

この地域の保存には、世界中で愛されているウサギの「ピーターラビット」の生みの親、ビアトリクス・ポターが深くかかわっています。

1866年、ロンドンの裕福な家に生まれたポターは、16歳のとき、一家が湖水地方に家を借りたことがきっかけで、この土地に魅了されました。のちにナショナル・トラストの創立者の一人となるキャノン・ローンズリーとも知り合います。子どものころから動植物を愛するポターは、湖水地方の環境保護をうったえるローンズリーに共感し、交流を深めます。

ローンズリーは、ポターがかいていた絵手紙を絵本にすることをすすめましたが、出版社からはよい返事がもらえませんでした。そこで、ポターは1901年に自費出版で絵本をつくると、それが評判となり、翌年、『ピーターラビットのおはなし』が出版社から刊行され、大人気となりました。

39歳のとき、ポターはロンドンから湖水地方にうつり住み、湖水地方の環境をまもるために、本が売れたお金で農場や土地を買いとりはじめました。

やがて湖水地方一の農場主となったポターが1943年に亡くなると、遺言により所有していた土地、農場と建物はすべてナショナル・トラストに寄付されました。

「ピーターラビット」のふるさとである湖水地方は、いまも美しい景観が残されている。

『ピーターラビットのふるさとをまもりたい ビアトリクス・ポターものがたり』（L・E・マーシャル文、I・アービナティ絵、おびかゆうこ訳、あかつき教育図書、2020年）には、ポターの生涯がわかりやすくえがかれている。

日本のナショナル・トラスト活動

日本では1960年代にイギリスにならったナショナル・トラスト活動がはじまり、いまでは全国で自然や文化財をまもる活動が行われています。

日本のナショナル・トラスト活動のはじまり

日本のナショナル・トラスト活動の第1号とされるのは、1964年に神奈川県鎌倉市の鶴岡八幡宮の裏山の森を開き住宅地をつくる開発計画がもち上がったときに起きた運動です。鎌倉市民は「公益財団法人鎌倉風致保存会」を立ち上げ、イギリスのナショナル・トラスト活動を手本に寄付金を集め、1966年、土地を買いとりました。これによって、景観としての森をまもることに成功したのです。この活動がきっかけになって、同じ年に「古都保存法」が成立しました。

現在は全国各地のナショナル・トラスト活動を行う団体が、各地の自然環境の保護にとりくむほか、公益財団法人日本ナショナルトラストが文化財などの保護にもとりくんでいます。

鎌倉のシンボルである鶴岡八幡宮と背後に広がる「御谷の森」。鎌倉に住んでいた作家の大佛次郎も保護活動に参加した。

キーワード

古都保存法

正式名称は「古都における歴史的風土の保存に関する特別措置法」。京都市、鎌倉市など10市町村の歴史的風土をまもるための法律。

もっと知りたい！

南方熊楠と環境保護活動

南方熊楠は1867年に和歌山県で生まれ、博物学、民俗学、植物学などの多彩な方面で活躍した学者です。アメリカ、イギリスでの研究活動をへて30代で帰国した熊楠は、和歌山県田辺市を拠点に新種の粘菌を発見するなど、個人で研究をつづけました。

生態系をまもることの大切さを理解していた熊楠は、地元の田辺市にある照葉樹林が残る無人島、神島の伐採計画を知ると、当時の村長や県知事にはたらきかけ、国の天然記念物に指定されるようにみちびきました。

熊楠の没後の1974年、熊楠が保護すべきだと考えていた田辺市の景勝地、天神崎に開発計画がもち上がった際は、熊楠の遺志を引きつぐように、地元住民からナショナル・トラスト活動が起こり、土地を買いとることができました。

天神崎は田辺湾の岬で、海岸の自然林と岩礁、黒潮の暖流が一体となって１つの生態系をつくっている。

🌱 全国のナショナル・トラスト

全国で自然環境や景観をまもるためのナショナル・トラスト活動が行われています。各団体は保護活動をしながら、子どもたちにふるさとの美しい環境の価値を伝え、次の世代にも受けついでもらえるように、教育活動にも力を注いでいます。

⚬⚬ ⚬
→さがしてみよう！←

ここでとり上げている以外にもたくさんの団体があるよ。みんなの住む場所の近くにナショナル・トラスト活動を行っている団体はあるかな？

全国各地の森林にあるナショナル・トラスト活動を行う団体

❶ 北海道斜里町

しれとこ100平方メートル運動の森・トラスト

寄付金で知床国立公園内の開拓跡地を買いとり、原生林と生態系の再生をめざしている。

❷ 北海道釧路市

NPO法人 トラストサルン釧路

「サルン」とはアイヌ語で湿原の意味。タンチョウヅルのいる釧路湿原や水源の保護を行っている。

❸ 宮城県白石市

NPO法人 蔵王のブナと水を守る会

蔵王連峰の森林伐採を止め、ブナの森林を復元するための活動をしている。

蔵王のブナ林

❹ 栃木県宇都宮市

公益財団法人 グリーントラストうつのみや

身近な緑である雑木林とそこに生息する生きものの保護を行っている。

❺ 埼玉県所沢市

公益財団法人 トトロのふるさと基金

映画『となりのトトロ』の舞台のモデルの一つ、狭山丘陵の森をまもっている。

「トトロの森」とよばれる狭山丘陵

❻ 静岡県御殿場市

NPO法人 富士山ナショナル・トラスト

富士山の崩落をふせぐために植樹活動を行っている。

❼ 沖縄県国頭村

NPO法人やんばる森のトラスト

沖縄本島北部の野生生物のためのトラスト地を確保し、生息環境の保全と自然保護の推進することを目的としている。

やんばるの森

💬 もっと知りたい！

貴重な湿原をまもる「ラムサール条約」

1971年、イランのラムサールで行われた国際会議で「特に水鳥の生息地として国際的に重要な湿地に関する条約」が採択されました。この条約の通称は、開催地の名前にちなみ、「ラムサール条約」といいます。2022年現在、世界172か国がこの条約に参加し、日本では53か所の湿地が登録されています。

1980年、日本ではじめてラムサール条約に登録されたのは、国内最大の湿原環境として知られる北海道の釧路湿原です。湿原とは、寒冷で湿度が高い環境に発生する草原で、野鳥などの貴重な野生動物のすみかです。釧路湿原の保全活動を行っているのがNPO法人トラストサルン釧路です。トラストサルン釧路は、ラムサール条約に登録される前から植林活動を行っていた団体がもとになっており、現在は49か所、約544haの土地を管理しています。

釧路湿原に生息するタンチョウヅル

法律でまもる自然環境保全地域

むやみに道や建物をつくると自然環境の生態系がくずれるおそれがあります。
そのため、「自然環境保全法」などで制限を行っています。

貴重な自然をまもるための法律

日本では明治から昭和にかけて「森林法」、「史蹟名勝天然記念物保存法」（現在の「文化財保護法」）、「国立公園法」（現在の「自然公園法」）などの自然保護や美しい景観をまもるための法律が制定されてきました。しかし、第二次世界大戦後の復興のための開発から自然破壊をふせぐことがむずかしくなってきました。そこで、1972年に「自然環境保全法」が新たに制定され、とくに貴重な自然環境が残る地域にさまざまな制限を課すようになりました。

この法律にのっとって、環境省は、自然環境保全地域を指定しています。

環境省が指定する保全地域

原生自然環境保全地域
➡人の活動の影響を受けず、原生の自然状態をたもっている樹林帯の地域。規制がもっともきびしい。

自然環境保全地域
➡すぐれた天然林や、自然環境がすぐれた状態をたもっている湖、沼、湿原、海などの地域。

沖合海底自然環境保全地域
➡海山＊、海溝、熱水噴出域＊など、海底の独特な生態系がすぐれた状態をたもっている地域。

原生自然環境保全地域
自然環境保全地域
沖合海底自然環境保全地域

保全地域で禁止されていること

自然環境保全地域では、建物の新たな建築や、増改築が禁止されていたり（原生自然環境保全地域）、許可が必要だったりします（自然環境保全地域）。そのほかにも地域の種類によりさまざまな規制があります。

自然環境保全地域の野生動植物保護地域では、特定の野生動植物の捕獲や採取は原則禁止。

沖合海底自然環境保全地域では、海底の形や特徴を変えるおそれのある行為を規制。

① 遠音別岳（北海道）
② 十勝川源流部（北海道）
③ 南硫黄島（東京都）
④ 大井川源流部（静岡県）
⑤ 屋久島（鹿児島県）
⑥ 大平山（北海道）
⑦ 白神山地（青森県）
⑧ 和賀岳（岩手県）
⑨ 早池峰（岩手県）
⑩ 大佐飛山（栃木県）
⑪ 利根川源流部（群馬県）
⑫ 笹ヶ峰（愛媛県）
⑬ 白髪岳（熊本県）
⑭ 稲尾岳（鹿児島県）
⑮ 崎山湾・網取湾（沖縄県・西表島）
⑯ 伊豆・小笠原海溝
⑰ 中マリアナ海嶺・西マリアナ海嶺北部
⑱ 西七島海嶺
⑲ マリアナ海溝北部

＊海山：海底から1,000メートル以上の高度差をもつ地形。
＊熱水噴出域：海底から金属成分を含む熱い水がふき出す場所。

🌱 さまざまな保全地域が重なり合う屋久島

　鹿児島市の南の沖合にうかぶ屋久島は、樹齢1,000年以上のヤクスギをはじめとする巨木の原生林がいまも残っており、ヤクシカなどの貴重な固有種が見られます。

　屋久島の貴重な自然をまもるため、島の多くの地域が「原生自然環境保全地域」、国有林の「森林生態系保護地域」、国立公園に指定されており、1993年に島の全面積の2割にあたる部分が世界自然遺産に登録されました。

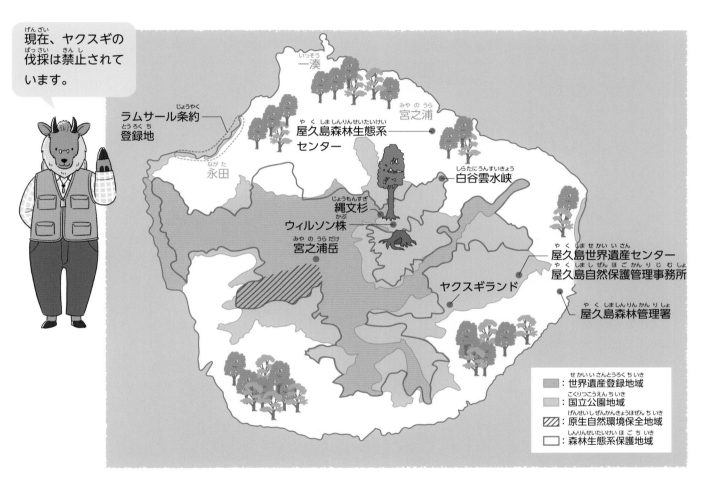

現在、ヤクスギの伐採は禁止されています。

一湊
宮之浦
ラムサール条約登録地
永田
屋久島森林生態系センター
白谷雲水峡
縄文杉
ウィルソン株
宮之浦岳
屋久島世界遺産センター
屋久島自然保護管理事務所
ヤクスギランド
屋久島森林管理署

▨：世界遺産登録地域
　：国立公園地域
▨：原生自然環境保全地域
□：森林生態系保護地域

🔍 調べてみよう！

都道府県が指定する「自然環境保全地域」とは？

 じつは環境省とは別に都道府県でも「自然環境保全地域」を指定することができるのです。自分の身近なところにもあるか、調べてみましょう。

インターネットで住んでいる都道府県の名前と「自然環境保全地域」を調べたら、都道府県内のリストが出てくるね。うちの近くにも自然環境保全地域があるんだ！　知らなかった！

都道府県の自然環境保全地域にも新しい建物は建てられないのかな？

そうですね。許可なく建物を建てることは禁止とされていますよ。ただ、保全地域を活用するさまざまな活動は行われています。

> **調べてみよう！**
> みんなの住んでいる都道府県の自然環境保全地域を調べてみましょう（なければ、近くの都道府県をさがしてみましょう）。

> **調べてみよう！**
> 保全地域ではどんな活動が行われているのかな？

環境ラベルをさがしてみよう

生活のなかで森林をまもる方法の一つに、森林環境に配慮した製品を買ったり、使ったりすることがあります。その目安となるのが環境ラベルです。

環境保全に貢献する商品を選び、森林をまもる

環境ラベルとは、環境に対する負担が少ない、リサイクル品が使われているなど、環境保全に役だつことがみとめられた製品につくマークで、エコマークが有名です。

環境ラベルの種類や内容を理解し、商品を買うときに、環境ラベルのついたものを選ぶようにすると、環境に配慮した生産者を応援し、地球環境への負担をへらすことができます。生活のなかでできる森林への貢献の一つといえます。身近な環境ラベルをさがしてみましょう。

ポイント!
森林にかかわる環境ラベルをさがすには、木でできているものは何かを考えてからさがすとよいでしょう。

身近なところにある環境ラベル

エコマーク

どんなマーク?
生産から役目を終えてすてられるまでの過程で環境にあたえる影響が少なく環境保全に役だつとみとめられた製品につけられるマークです。

どんなものについている?
洗剤などの日用品や鉛筆などの文房具、洋服、家電などの多くの製品や、飲食店などの店舗やサービスにもついています。

グリーンマーク

グリーンマーク

どんなマーク?
一定の割合以上の古紙を原料に使用していることをしめすマークです。古紙の利用をすすめ、紙のリサイクルをうながすことを目的としています。

どんなものについている?
トイレットペーパーやノートなど、紙を使用する製品についています。

調べてみよう!

都道府県独自の環境ラベルとは?

都道府県や市町村でも独自の環境ラベルを指定しているところもあります。「環境ラベル等データベース」というホームページを見てみましょう。

ほんとうだ。ぼくたちの住むところにも独自の環境ラベルがあるんだね。

リサイクル製品に関するエコマークが多いね。

新潟県にはカーボン・オフセットのシンボルマークがありますよ。マークがついた商品を購入すると、売り上げの一部が新潟県の森林整備に役だてられます。

さがしてみよう!

自分が住んでいる都道府県や市町村には独自の環境ラベルはあるかな?

ストップ 温暖化
新潟県カーボン・オフセット

FSC®認証

どんなマーク?

環境や動植物をまもり、林業にたずさわる人の権利を尊重し、適切に管理された森林の樹木につけることができるマークです。また、FSCが適切であるとみとめたリサイクル資源でつくられた紙・木材製品にもつけることができます。

どんなものについている?

木のおもちゃや家具、鉛筆などの文房具、紙コップ、紙パック飲料など。

レインフォレスト・アライアンス認証

どんなマーク?

持続可能な3つの柱（社会・経済・環境）の強化につながる方法でつくられているものにつけられているマークです。たとえば、環境に配慮した経営がなされ、そこで生活する人びとの労働条件が適切なものである農園で生産されたものにつけられています。マークについているアカメアマガエルは、中南米のゆたかな自然環境にある熱帯雨林の象徴としてえがかれています。

どんなものについている?

コーヒー、バナナ、チョコレートなど。

エコレールマーク

どんなマーク?

商品を輸送する際に、トラックにくらべ二酸化炭素排出量の少ない鉄道貨物を使っていることをしめすマークです。店で商品を選ぶときには見えない、企業の環境へのとりくみがわかります。

どんなものについている?

お菓子や食品ラップ、除菌スプレーなど。

バイオマスマーク

どんなマーク?

その製品がバイオマス（生物由来の原料）を使用し、品質と安全性が関連する法規、規格などに適合していることをしめすマークです。

バイオマスマーク

どんなものについている?

レジぶくろ、ゴミぶくろ、プラスチック容器、ストローなど。

もっと知りたい！

パーム油製品についているRSPO認証って何?

　パーム油は、アブラヤシの果実からとれる植物油で、ポテトチップスやカップめん、シャンプーや洗剤などに使われています。アブラヤシは高温多湿な環境で育つため、パーム油のおもな生産地であるインドネシアとマレーシアでは、熱帯雨林を切り開いて農園がつくられ、オランウータンなどの貴重な野生動物の生息地が失われました。この状況を受けて、パーム油産業にかかわる企業が集まり、2004年に「持続可能なパーム油のための円卓会議（RSPO）」が設立されました。RSPOでは、持続可能なかたちで栽培され流通しているパーム油に「RSPO認証」をあたえています。パーム油生産をやめるのではなく、環境に配慮したかたちでつづけることで、現地の人びとの生活と自然環境をまもることをめざしています。

RSPO認証

第3章
森林と世界遺産

第2章では、おもに日本の森林をまもるとりくみを見てきました。第3章では世界全体で自然環境や文化を守る、世界遺産を見ていきましょう。世界遺産には、文化遺産、自然遺産、複合遺産がありますが、おもに森林にかかわるのは自然遺産です。2023年1月現在、日本には5か所の世界自然遺産があり、それらはいずれもゆたかな森林です。また、世界にもさまざまな森林の世界自然遺産があります。

世界遺産・世界自然遺産とは

ユネスコ（国際連合教育科学文化機関）は、「世界遺産」のなかで、貴重な生きものの生息地などを「自然遺産」として認定し、保護につとめています。

「世界遺産」は人類共通の財産

ユネスコは、1972年、未来の世代に引きついでいくべき文化や自然環境を、各国が協力してまもっていくために、「世界遺産条約（世界の文化遺産及び自然遺産の保護に関する条約）」を採択しました。

世界遺産には、①文化遺産、②自然遺産、③複合遺産（文化遺産と自然遺産の両方の価値をもつもの）の３種類があり、2022年の時点で1,154件が世界遺産として登録されています。新たな世界遺産は、毎年６〜７月ごろ、世界遺産委員会による審議のうえ、選ばれます。

世界遺産の登録件数

	文化遺産	自然遺産	複合遺産
世界	897	218	39
日本	20	5	—

2022年現在

世界遺産のはじまり

1960年代、エジプトのナイル川にアスワン・ハイ・ダムの建設計画がもち上がり、ヌビア遺跡群が水没しそうになったときに「人類共通の遺産」という考え方が広まり、「世界遺産」ができた。ヌビア遺跡群は1979年に文化遺産として登録された。

エジプト南部にあるヌビア遺跡群

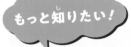

もっと知りたい！

世界文化遺産の「紀伊山地の霊場と参詣道」

2004年に世界遺産の文化遺産として登録された「紀伊山地の霊場と参詣道」は、紀伊山地にある日本を代表する３か所の霊場（「吉野・大峯」、「熊野三山」、「高野山」）と参詣道をふくみ、保護のための緩衝地帯をふくめると、全体の面積はおよそ１万2,000haにおよびます。霊場に伝わる数かずの文化財だけでなく、山や森などの自然を神仏のやどるところとする信仰の形づくった景観がよく残されていることが高く評価されました。

紀伊山地の参詣道の総延長は307.6キロメートルに達している。

40

日本の世界遺産（登録順）

① 法隆寺地域の仏教建造物 （奈良県・1993年登録）

② 姫路城 （兵庫県・1993年登録）

🌲 ③ 屋久島 （鹿児島県・1993年登録）

🌲 ④ 白神山地 （青森県、秋田県・1993年登録）

⑤ 古都京都の文化財（京都市、宇治市、大津市） （京都府、滋賀県・1994年登録）

🌲 ⑥ 白川郷・五箇山の合掌造り集落 （岐阜県、富山県・1995年登録）

⑦ 原爆ドーム （広島県・1996年登録）

⑧ 厳島神社 （広島県・1996年登録）

⑨ 古都奈良の文化財 （奈良県・1998年登録）

⑩ 日光の社寺 （栃木県・1999年登録）

⑪ 琉球王国のグスク及び関連遺産群 （沖縄県・2000年登録）

🌲 ⑫ 紀伊山地の霊場と参詣道
（三重県、奈良県、和歌山県・2004年登録）

🌲 ⑬ 知床 （北海道・2005年登録）

日本の文化遺産は、これまで神社や寺院の登録が多かったのですが、近年は産業遺産や近代建築なども登録されています。

調べてみよう！

①〜㉕のなかで、気になった場所を調べてみよう。学校の修学旅行で行く場所もあるよ。

🌲 ⑭ 石見銀山遺跡とその文化的景観
（島根県・2007年登録）

🌲 ⑮ 小笠原諸島 （東京都・2011年登録）

🌲 ⑯ 平泉−仏国土（浄土）を表す建築・庭園及び考古学的遺跡群 （岩手県・2011年登録）

🌲 ⑰ 富士山−信仰の対象と芸術の源泉
（山梨県、静岡県・2013年登録）

⑱ 富岡製糸場と絹産業遺産群 （群馬県・2014年登録）

⑲ 明治日本の産業革命遺産
製鉄・製鋼、造船、石炭産業
（福岡県、佐賀県、長崎県、熊本県、鹿児島県、山口県、岩手県、静岡県、2015年登録）
※地図でしめしたのは岩手県のみ。

⑳ ル・コルビュジエの建築作品
−近代建築運動への顕著な貢献− （東京都・2016年登録）

㉑ 「神宿る島」宗像・沖ノ島と関連遺産群
（福岡県・2017年登録）

㉒ 長崎と天草地方の潜伏キリシタン関連遺産
（長崎県、熊本県・2018年登録）

㉓ 百舌鳥・古市古墳群−古代日本の墳墓群− （大阪府・2019年登録）

🌲 ㉔ 奄美大島、徳之島、沖縄島北部及び西表島
（鹿児島県、沖縄県・2021年登録）

🌲 ㉕ 北海道・北東北の縄文遺跡群
（北海道、青森県、岩手県、秋田県・2021年登録）
※地図でしめしたのは青森県のみ。

注：●は自然遺産、🌲は森林とかかわりが深いもの。

出典：文化庁ホームページ「日本の世界遺産一覧」をもとに一部改変

日本の世界自然遺産

貴重な地形や地質、生態系、絶滅のおそれのある動植物の生息地などを対象とする、日本にある世界自然遺産を紹介します。

知床（北海道）　2005年登録

海と川と森でつながる生命

北海道東部にある知床半島は、シベリアからの寒気やモンゴルからロシアへと流れ出るアムール川の水などの影響で海氷＊ができることと、春には太陽光にめぐまれることで、海では植物プランクトンが大繁殖し、それらを食べる動物プランクトン、さらにそれを食べる魚、魚を食べるアザラシ、キタキツネ、ヒグマなどが海・川・森林をつないで大きな食物連鎖の関係性をつくっています。きびしい自然環境のため、海岸から山頂までほとんど人の手が入っておらず、絶滅危惧種のシマフクロウやオジロワシなど貴重な生きもののすみかとなっています。

オホーツク海に面した知床半島と、その沿岸海域が世界自然遺産の対象となっている。

白神山地（青森県、秋田県）　1993年登録

自然のままに残るブナの森

白神山地は、青森県南西部から秋田県北西部にまたがる標高200〜1,250メートルの広大な山岳地帯です。その中心部に残る、東アジアで最大級のブナの原生林のうち、1万6,971haが世界自然遺産に登録されています。

ブナは水をたくわえ、土の流出をおさえるため環境を保全する力が強い樹木といわれており、白神山地には500種以上の植物、イヌワシやクマゲラなどの貴重な種をふくむ多種多様な生きものが生息しています。

この地に天然林が形成されたのは、約8,000年前といわれます。ブナの森のゆたかさは、縄文時代から人びとのくらしをささえてきたと考えられています。

クマゲラは小形のカラスくらいの大きさで、国内のキツツキのなかではもっとも大きい。

白神山地では、人の影響をほとんど受けていない天然のブナの森林が残っている。

人の影響を受けていない白神山地にたくさんの観光客が入っていってだいじょうぶなのかな？

世界遺産登録がきっかけで知名度が上がり、多くの人がおとずれるようになったため、現在、一部の場所では立ち入りを制限していますよ。

＊海氷：海水がこおった海で見られる氷のことを海氷といい、そのなかで、岸に着かず、海の上をただよっている氷のことを流氷という。

42

屋久島（鹿児島県）1993年登録

🌱 亜熱帯〜亜高山帯の植物が自生する森

屋久島には九州地方でもっとも標高が高い宮之浦岳（1,936メートル）などの山があり、海岸ぞいは亜熱帯気候で平地にはハイビスカスなど熱帯の植物も生えていますが、宮之浦岳山頂付近は北海道並みの亜寒帯気候となり亜高山帯植物が生えています。

年間を通じて雨が多い気象が植物にも影響をおよぼし、「縄文杉」と名づけられた老大木をはじめとする、樹齢数千年のヤクスギが見られることも大きな特徴です。いまも多くの人が生活する島でありながら、カラスバトなどの絶滅のおそれのある貴重な野鳥や、ヤクシカ、ヤクシマザルなどの固有種*も生息しており、島の面積の約2割にあたる1万747haが自然遺産地域として登録されています。

この縄文杉の樹齢は2170〜7200年と推定されている。

ヤクシカはニホンジカの仲間のなかではもっとも小さい。

奄美大島、徳之島、沖縄島北部及び西表島（鹿児島県、沖縄県）2021年登録

🌱 固有種の多様さが世界的にも突出している地域

奄美大島、徳之島、沖縄島北部、西表島は、かつては大陸の一部でしたが、約1,200万年前〜約200万年前に大陸からはなれたと考えられています。島じまが分離し孤立するなかで、独自の進化をとげた動植物が多く生息する、世界でも有数の生物多様性が高い地域です。この地域に生息するイリオモテヤマネコ、アマミノクロウサギ、ヤンバルクイナなどの95種の絶滅危惧種のうち、75種が固有種です。4地域の面積は日本全体の0.5パーセントにも満たないにもかかわらず、この島じまの動植物の種類は日本全体の多くの割合をしめています。

鹿児島県の奄美大島は国内最大規模の亜熱帯照葉樹の森におおわれている。

世界自然遺産に登録された4地域

- 奄美大島
- 徳之島
- 沖縄島北部
- 西表島

アマミノクロウサギは、短い耳と黒い毛の原始的な体型が特徴でウサギとびもしないため、「生きた化石」とよばれている。

イリオモテヤマネコは西表島にしか生息しておらず、推定個体数は約100頭（2008年時点）といわれている。
環境省西表野生生物保護センター提供

*固有種：ある特定の地域にしか生育しない生物の種のこと。　43

東京都の一部である亜熱帯の海洋島

小笠原諸島は東京都心から約1,000キロメートル南の太平洋上に位置する亜熱帯海洋性気候の30あまりの島じまです。大陸の一部だったことが一度もない海洋島で、風や潮の流れに乗ってやってきた生きものが独自の進化をとげました。そのため、小笠原諸島には固有種が多く、その割合は植物で36パーセント、昆虫類で28パーセント、陸産貝類で94パーセントとなっています。父島や兄島では、気候に合わせて葉を厚く小さくしたり、強風をさけるため背を低くしたりと進化した乾性低木林とよばれる林が広がっていて、植物や動物の進化の過程を見ることができます。

小笠原諸島から東京都心までの距離は、札幌から東京都心までの距離とほぼ同じです。しかも小笠原には空港がなく、船が唯一の交通手段です。東京・竹芝桟橋からの定期船では父島まで片道24時間ほどかかります。

同じ東京なのにそんなにかかるの!?

もっと知りたい！

乾性低木林が広がる小笠原諸島の父島。

天然記念物*で、絶滅危惧種のアカガシラカラスバト。

小笠原の「カントリーコード」

小笠原諸島は交通が不便なところですが、その自然の美しさが知られるようになり、国内外から多くの観光客がおとずれるようになりました。しかし、ほかの陸地とつながったことのない小笠原の動植物は外部の影響を受けやすく、生態系がおびやかされることが心配されました。

そこで1999年、環境省小笠原自然保護官事務所は、地元の人びとの協力を得ながら小笠原でまもるべきルールを「小笠原カントリーコード 自然と共生するための10カ条」としてまとめました。ここにある「動植物は採らない、持ち込まない、持ち帰らない」というルールをまもるため、島に行く船に乗る人は、自分のくつや服、持ちものについた土や植物の種をもちこまないように、マットでよごれを落としたり、あらったりしてきれいにします。

小笠原カントリーコード ─自然と共生するための10カ条─

1. 貴重な小笠原を後世に引き継ぐ
2. ゴミは絶対に捨てずに、すべて持ち帰る
3. 歩道をはずれて歩かない
4. 動植物は採らない、持ち込まない、持ち帰らない
5. 動植物に気配りしながらウォッチングを楽しむ
6. サンゴ礁等の特殊地形を壊さない
7. 来島記念などの落書きをしない
8. 全島キャンプ禁止となっているので、キャンプしない
9. 移動は、できるだけ自分のエネルギーを使う
10. 水は大切にし、トイレなど公共施設はきれいに使う

＊天然記念物：学術上、保護・保存する価値のあるものとして文化庁の指定を受けた動物・植物・鉱物などやそれらの存在する地域。

森林と世界遺産

海外の世界自然遺産

砂漠やサンゴ礁など、世界にはさまざまな貴重な自然環境があり、世界自然遺産に登録されています。ここでは森林を中心とした世界自然遺産を紹介します。

ビャウォヴィエジャの森 (ポーランド、ベラルーシ)

ポーランドとベラルーシの国境にまたがるビャウォヴィエジャの森は、「ヨーロッパ最後の原生林」とよばれ、ヨーロッパバイソンの生息地として知られています。ポーランド側は1979年、ベラルーシ側は1992年に世界自然遺産に登録されました。この土地では昔から王族による狩りが行われ、密猟も多かったため、1919年に野生のヨーロッパバイソンは絶滅してしまいましたが、その後、人の手によって繁殖活動が行われました。

スマトラの熱帯雨林遺産 (インドネシア)

インドネシアのスマトラ島の北西部から南東部まで広がるバリサン山脈は、熱帯雨林が生いしげる地域で、約1万種の植物が生育しています。また、この地域には、スマトラ島の固有種で絶滅危惧種のスマトラオランウータンなど、東南アジア特有の貴重な野生動物が生息しています。2004年に世界自然遺産に登録されましたが、違法伐採や密猟などがつづいていることを理由に、2011年に危機遺産リストに追加されました。

キーワード

危機遺産リスト

ユネスコでは自然災害や開発、武力紛争などで危機にさらされている世界遺産を危機遺産リストに掲載している。2023年時点で55件が指定されている。

コスタ・ド・デスコブリメントの大西洋岸森林保護区群 (ブラジル)

南アメリカ大陸の大西洋岸のブラジルの8つの自然保護区と国立公園を対象とする森林で、広い範囲が指定されています。この地域には世界屈指の種類数の樹木が生育し、タテガミナマケモノやジャガーなどの貴重な動物も生息しており、生物多様性をまもるため、1999年に世界自然遺産に登録されました。この地域に広がる絶滅危惧種のブラジルボクの木の名前が、ブラジルの国名の由来となっています。

アツィナナナの雨林 (マダガスカル)

アフリカ大陸の南東にあるマダガスカル島東部の6つの国立公園にまたがる熱帯雨林で、2007年に登録されました。この地域は6,000万年以上前にほかの大陸と分かれ、独自の進化をとげてきたため、動植物の80～90パーセントが固有種で、絶滅危惧種のキツネザルも生息しています。キツネザルの密猟や森林の違法伐採がつづいていることから2010年に危機遺産リストに登録されました。

オーストラリアのゴンドワナ多雨林群 (オーストラリア)

オーストラリアの東部にある大森林地帯で、総面積はおよそ36万ha、50以上の保護区がふくまれています。1986年に登録され、その後登録地域が拡大されました。この地域には亜熱帯、乾燥帯、温帯、寒帯のそれぞれに属する植物が生育しており、世界最古のシダ類も見られます。ラミントン国立公園では、アニメ『天空の城ラピュタ』に登場する「飛行石の光る洞窟」のモチーフとなった土ボタルを見ることができます。

世界中に貴重な森林がいっぱい！いつか行ってみたいなあ。

45

さくいん

参考文献

勝川俊雄・関岡東生監修　『未来をつくる！　日本の産業　③水産業・林業』　ポプラ社　2021年

白石則彦監修、NPO法人MORIMORIネットワーク編　『日本の林業　①-④』　岩崎書店　2008年

鈴木京子・赤堀楠雄・浜田久美子　『基礎から学ぶ　森と木と人の暮らし』　農山漁村文化協会　2010年

田中惣次　『本当はすごい森の話 ── 林業家からのメッセージ』　少年写真新聞社　2016年

七尾純　『森の総合学習　①-④』　あかね書房　2004年

西岡秀三・井上光弘監修　『ゆたかな森をつくりだせ』　PHP研究所　2002年

林将之　『見よう、せまろう、とびだそう！　しぜんガイドブック　さとやまのかんさつ』　ほるぷ出版　2020年

林将之　『見よう、せまろう、とびだそう！　しぜんガイドブック　まちのかんさつ』　ほるぷ出版　2020年

三俣学・齋藤暖生　『森の経済学 ── 森が森らしく、人が人らしくある経済』　日本評論社　2022年

環境省ホームページ　「環境省環境ラベル等データベース」

https://www.env.go.jp/policy/hozen/green/ecolabel/　（2023年2月6日確認）

環境省ホームページ「ナショナル・トラストの手引き」

https://www.env.go.jp/nature/info/guide_n-trust/index.html　（2023年2月6日確認）

編集	株式会社桂樹社グループ (狩生有希)
装丁・本文デザイン	ごぼうデザイン事務所 (永瀬優子、大山真葵)
執筆	長野伸江　室谷明津子 (26-27ページ)
キャラクターデザイン	小川かりん
イラスト	上垣厚子 (11ページ)　小川かりん (34ページ) 寺平京子 (16-17ページ、19ページ、35ページ)　矢寿ひろお (6-7ページ)
撮影	齋藤純那 (8-9ページ)　増田高之 (32ページ下、40ページ下)
写真・図版協力	RSPO事務局　一般社団法人 日本有機資源協会　エイ・エフ・ビル管理　FSCジャパン 大分県森との共生推進室　環境省西表野生生物保護センター 公益財団法人 古紙再生促進センター　公益社団法人 鉄道貨物協会 公益財団法人 日本環境協会　西武池袋本店　新潟県 環境局環境政策課 東村山ふるさと歴史館　林野庁　iStock　PIXTA　photolibrary
校正	佐野悦子　菅村 薫
協力	NPO法人 信州フォレストワーク　環境省　森林総合研究所 関岡東生(東京農業大学地域環境科学部教授)　特定非営利活動法人 地球緑化センター 藤井一至　明治神宮

わたしたちと森林　4
保全と共生

2023年3月30日　第1刷発行

発行所　　あかつき教育図書株式会社
　　　　　〒176-0021 東京都練馬区貫井4-1-11
　　　　　TEL　03-3825-9188 (代表)
　　　　　FAX　03-3825-9187
　　　　　https://www.aktk.co.jp
印刷・製本　精興社